ÇA DOIT ÊTRE UN RETRAITÉ

23, rue du Cherche-Midi - 75006 Paris

Vous pouvez consulter notre catalogue général et l'annonce
de nos prochaines parutions sur notre site internet :
http://www.cherche-midi.com

PIEM

Les joies de la Retraite !

COLLECTION
« LA BIBLIOTHÈQUE DU DESSINATEUR »

le cherche midi

Le temps passé

JE NE VOUDRAIS PAS
QUE MON DÉPART PERTURBE
LA MARCHE DE L'ENTREPRISE

UN DÉPART...
ÇA S'ARROSE
PIEM

VOS COLLÈGUES, À L'OCCASION DE VOTRE DÉPART À LA RETRAITE, VOUS OFFRENT CE MODESTE CADEAU

DRING

L'ÂGE DE LA RETRAITE DE MONSIEUR LE PRÉSIDENT DIRECTEUR GÉNÉRAL EST AVANCÉ

ET VOUS CONNAISSIEZ MA POINTURE !

RECONSTITUTION DE CARRIÈRE

ATTENTION, chantier, danger, sortie de dossiers
le port du casque est obligatoire
il faut creuser, défoncer le passé
retrouver le gisement primaire
des premières feuilles de salaire.
C'était hier et c'est si loin tout ça
rechercher le filon des juteuses rémunérations
la caisse primaire et la complémentaire
certificats d'emploi, papiers accumulés
photocopies en triple exemplaire.
Coup de grisou !
Il y a un trou dans la carrière
où étiez-vous en août soixante-treize ?
Affolement, palpitation, protestation, réclamation,
revenez demain
tout recommencer, creuser,
défoncer
papier trouvé, dossier sauvé
patientez, manque un tampon
coup de torchon
attendez
tampon trouvé
dossier ficelé
satisfaction
c'est ça une carrière
ce n'est que ça : un dossier
comme le temps a passé ficelé.

MIEUX QUE ÇA PATRON, C'EST POUR GARDER UN SOUVENIR

CE SONT MES POINTS DE RETRAITE

RENAISSANCE

Poussez, poussez, respirez
Ce sont les derniers instants qui sont les plus émouvants.
On a vidé une bouteille à son intention, on a bu
dans des verres en carton.
Poussez, poussez, respirez, le voilà sur le palier,
poussez, le voilà dans l'escalier, il est bien loin de l'atelier,
Poussez, poussez, respirez, le voilà près de la sortie.
Il passe le nez, il hume l'air... respirez, poussez, et...
Le voilà dehors
Ça y est, il est né le nouveau retraité.
C'est un garçon ou une fille
C'est un individu libéré
Une petite tape sur la boîte à outils qu'il tient encore
à la main, il a poussé son premier cri de soulagement ;
on a coupé le cordon qui le rattachait
au patron.
C'est un beau petit retraité de
soixante ans, avec plein de petits
points de retraite tout autour du regard
et une complémentaire au milieu
du front.
Aujourd'hui est un autre jour, ne
rien faire n'est pas son affaire, alors
sans attendre davantage, il fait ses
premiers pas de retraité au rythme
du temps libre qui s'ouvre devant lui.

AVEC VOTRE DÉPART C'EST UN PEU DE LA MÉMOIRE DE L'ENTREPRISE QUI S'EN VA

POUR VOTRE DERNIÈRE JOURNÉE JE VOUS AI GÂTÉ

Le temps de la Retraite

LA RETRAITE ÇA ME FOUT LE CAFARD... C'EST POURQUOI J'AI TOUJOURS REFUSÉ DE TRAVAILLER

NE M'APPELEZ PLUS
MONSIEUR LE PRÉSIDENT
DIRECTEUR GÉNÉRAL
APPELEZ-MOI ARTHUR

CALENDRIER

L'âge auquel on prend sa retraite est fonction des difficultés du travail effectué.
Plus celui-là aura été stressant plus la retraite sera avancée et le travailleur sera au bout du rouleau quand il aura fini son boulot.
Serait-il possible d'envisager, dans un avenir plus ou moins proche, une modification du statut de retraité en inversant l'ordre des choses ?
Un salarié fatigué par des années d'activités épuisantes ne profite pas pleinement de son temps de retraite lorsque le moment est venu.
Ne pourrait-on pas dans ce cas, mais dans ce cas seulement, déplacer le temps de la retraite en le plaçant en début de parcours, le travail venant en dernier ?
Cet homme, en pleine force de l'âge, profiterait alors pleinement de sa retraite : loisirs, voyages, sport, détente, culture et enrichi de toute cette expérience, il aborderait le monde aride du travail en pleine forme, et son rendement serait d'une efficacité remarquable.
Tout le monde y gagnerait.

Il faut parfois peu de chose pour transformer l'enfer en paradis, il suffit simplement d'un peu de bonne volonté.

JE VOUS PRIE DE LAISSER...
...CET ENFANT TRANQUILLE
JE LUI AI SIMPLEMENT DIT QUE PLUSTARD, S'IL TRAVAILLE BIEN, IL AURA LA CHANCE DE ME PAYER MA RETRAITE

À LA RETRAITE...
À VOTRE ÂGE !
QUEL ÂGE ME DONNEZ-VOUS?
ENTRE 40 ET 60
VOUS ÊTES TOMBÉ PILE
ALORS! BONNE RETRAITE
MERCI

C'EST MA
COMPLÉMENTAIRE

LA RETRAITE ! C'EST PAS LE BOUT DU MONDE

J'AI CHOISI
LA RETRAITE
À TEMPS PARTIEL

ADAPTATION

L'épouse d'un future retraité doit se préparer à l'événement et prévoir les mesures de sécurité qui s'imposent afin d'éviter les premiers incidents.
Il s'agit de passer sans encombres le cap de la première journée.
À l'heure où d'habitude cet homme actif et ponctuel se levait pour se rendre au travail, il est important de cacher le réveil et, où qu'il soit dissimulé, de l'empêcher de sonner.
Tout sommeil prolongé sera du temps gagné. Le petit déjeuner au lit s'impose, le prolonger par quelques gâteries supplémentaires ne pourra qu'adoucir l'atmosphère.
Toute allusion au passé doit être bannie de la conversation. Il est bon d'avoir prévu un programme rigoureux qui ne laisse que très peu de place à la réflexion.
Visite de musées, préparation d'un voyage à l'étranger, déjeuner sur le pouce, l'après-midi ciné, deux séances si nécessaire, le soir théâtre des Variétés, souper et retour épuisé.
Ce régime draconien sera prolongé le temps nécessaire à la rééducation, doubler la dose en cas de rechute et...
Bonne retraite.

P.S : Pour les femmes ce régime n'est pas nécessaire si elles ont des petits enfants.

PAS TOUCHE.. PAS TOUCHE ...
AUX RETRAITES
JE ME SUIS INSCRIT À LA CHORALE

MOI QUAND JE SERAI À LA RETRAITE J'IRAI À LA PÊCHE
AU FUSIL D'OR

UNE INVITATION POUR LE DÎNER DES ANCIENS
DEPUIS LE TEMPS...
JE ME DEMANDE SI JE VAIS EN RECONNAÎTRE...
...UN SEUL

« le retraité »

LE SOIR ON SE PASSE DES VIEUX FILMS DE TRAVAIL
PIEM

OUI PATRON
BIEN PATRON
D'ACCORD PATRON
CERTAINEMENT PATRON
MERCI PATRON
COMPTEZ SUR MOI PATRON
ENTENDU PATRON
VOUS AVEZ RAISON PATRON
C'EST LA PREMIÈRE NUIT QUI EST LA PLUS DIFFICILE

ET MAINTENANT JE ME DEMANDE DÉJÀ CE QUE FERAI QUAND JE NE SERAI PLUS À LA RETRAITE ?

ASSOCIATION DE BIENFAITEURS

Le bénévolat vous tend les bras
Qui veut bénévoler loin
ménage sa monture.
Attention un bénévolat
peut en cacher un autre.
Serez-vous mère Teresa
abbé Pierre ou Restaurant du cœur
Irez-vous à Calcutta
ou à Barbès
ou bien resterez-vous
dans le quartier
pour accompagner
le voisin d'à-côté.
De toute façon, sachez
que le temps donné
est du temps gagné.

AVOIR ENFIN LE TEMPS DE RÉALISER MON RÈVE
...ET LE MIEN

SOUVENIRS

Ayant ouvert à la première page
le cahier qu'il avait acheté à cette intention
il traça les premières lignes
de son épopée.
« Ceci est le récit d'une vie
de travail exemplaire... »
Il pose son stylo,
prend du recul,
s'appuie au dossier de son fauteuil
les deux mains bien à plat
sur le bureau
un instant il ferme les yeux.
Le lendemain à minuit
il y était encore
« Faites silence
il dort ! »
Les pages du cahier sont restées blanches
et si vous n'y voyez rien
c'est parce que vous manquez
d'imagination.

VIVEMENT LA RETRAITE

IL NE S'ENNUIE JAMAIS

Le Temps retrouvé

BOURSE

QUE FAISIEZ-VOUS DANS LA VIE ACTIVE ?
PAREIL

QUE DIRIEZ-VOUS DE NE RIEN FAIRE EN MA COMPAGNIE ?
EST-CE BIEN RAISONNABLE

HEUREUSEMENT
IL A LE JARDIN

MON MARI ÉTAIT DANS L'INDUSTRIE
IL A TRAVAILLÉ TOUTE SA VIE...
... À LA CHAÎNE

MAINTENANT QU'IL EST À LA RETRAITE IL S'EST MIS À LA RELIURE

IL N'EST JAMAIS TROP TARD POUR SE METTRE À LA MUSIQUE

BIE

POURQUOI PAS L'ANNAPÛRNA ?
ON L'A FAIT L'ANNÉE DERNIÈRE
ATLAS

BON ! ET MAINTENANT QU'EST-CE QU'ON FAIT ?

DEPUIS QU'IL NE TRAVAILLE PLUS ..
IL FAIT LES TROIS-HUIT

PRÉLIMINAIRE

Est-il possible d'atténuer le choc émotionnel que ne manquera pas de provoquer la cessation d'activités professionnelles ?
La médecine du travail, elle-même, conseille la plus extrême prudence.
Elle propose pour cela des cures de plus ou moins longue durée selon l'état de fébrilité du futur retraité.
On rencontre parfois dans certaines administrations et autres lieux des travailleurs en état d'apesanteur, on les dirait ailleurs ; en réalité ils sont en retraite préventive.
La durée du traitement est en règle générale de six mois avant la date fatidique.
Certaines entreprises n'hésitent pas à mettre ce candidat au placard un an avant, mais il y a des risques.
On se rappelle la triste histoire de l'entreprise X qui avait mis une partie de son personnel au placard avant de déposer son bilan.
On a retrouvé ces pauvres gens cinq ans après lors de la démolition de l'usine désaffectée.

SOIS PRUDENT RAPPELLE-TOI QUE TU N'AS PLUS 75 ANS

DEPUIS SA RETRAITE IL A PRIS SES DISTANCES

VOUS ÉTES LIBRE
BUREAU
JE SUIS LIBRE
LIBRE JE SUIS
LIBRE TU ES !
LIBRE J'ÉTAIS

Le temps roucoulé

ON NE VA PAS SE REGARDER COMME ÇA
PENDANT TOUTE TA RETRAITE

DORS
J'Y ARRIVE PAS
FAIS UN EFFORT
JE NE DORMAIS BIEN QU'AU BUREAU

10H RENDEZ-VOUS AU MINISTERE
14H ASSEMBLÉE GÉNÉRALE
15H RÉCEPTION À L'AMBASSADE
18H REMISE DÉCORATIONS
19H COCKTAIL
20H DÎNER A L'ELYSÉE
ACHETER
Nouilles
lait
fromages
boîte de thon
oranges, citrons
sucre en poudre
allumettes
papier toilette
sacs poubelle

Restaurant
C'EST QUAND MÊME MOINS STRESSANT QUE TES REPAS D'AFFAIRES

ARRÉTE DE RONFLER
ÇA ME RAPPELLE L'USINE

CHÉRI !
NE PENSE PLUS
AU BUREAU, C'EST
FINI TOUT ÇA

C'EST TRISTE
ON N'A PLUS RIEN À SE DIRE !
ÉCOLE DU LOUVRE
CIVILISATION ÉGYPTIENNE

SÉJOUR DE RÊVE
CARAÏBES
CROISIERE
FLORIDE

CHÉRIE TU ATTENDS DEPUIS LONGTEMPS ?
LE TEMPS D'UNE CARRIÈRE PROFESSIONNELLE

VENISE INCONNUE
APRÈS LE PONT DES SOUPIRS...

...IL NOUS A PROMIS UNE SURPRISE

MON MARI ET MOI ÉTIONS DANS L'ENSEIGNEMENT ET NOUS AVONS GARDÉ CERTAINES HABITUDES

ON VA ENFIN POUVOIR ALLER VOIR LES ENFANTS
JE TE PRÉVIENS : ILS ONT GRANDI

MÉNAGE

Maintenant je passe la plus grande partie de mon temps à la maison, je découvre d'étranges phénomènes qui n'avaient pas attiré mon attention jusque-là.

Par exemple la poussière : celle-ci doit être enlevée car elle se dépose sur le sol, sur les meubles et les divers objets qu'elle trouve sur son passage. Dès que vous avez le dos tourné, elle recommence son manège et il faut recommencer le ménage.

Les repas ne sont pas tout faits, ils se préparent à l'avance dans un local aménagé à cet effet.

La vaisselle utilisée doit être lavée après usage. Il en est de même pour le linge ; le pli du pantalon s'appelle repassage, le réfrigérateur ne se remplit pas automatiquement dès qu'il est vide ; il s'agit alors de l'approvisionner en faisant des courses, etc.

J'ai fait part à Mathilde de mon étonnement.

Elle n'a pas été surprise.

À mon avis, elle devait être au courant depuis un certain temps.

COMMENT S'EST PASSÉE TA JOURNÉE ?
LA ROUTINE

ENCORE UNE JOURNÉE DE PASSÉE

Piem
au cherche midi :

Un cœur gros comme ça (épuisé)
Cent dessins choisis (épuisé)
Les Mordus du tennis
Les Mordus du foot
Les Mordus du ski
Les Mordus de l'automobile
Petits-enfants, grands-parents, mode d'emploi
Enfants, parents, mode d'emploi
Bonne santé, mode d'emploi
Au revoir et encore merci
Dieu et vous
Les gendarmes
L'école
Je t'aime
Les accros du portable
L'argent, encore plus

Ouvrage reproduit et achevé d'imprimer en janvier 2006
par l'imprimerie Pollina, Luçon

Dépôt légal : octobre 2001
N° d'édition : 904 - N° d'impression : L98995
ISBN : 2-86274-904-4

OÙ COUREZ-VOUS COMME ÇA ?
NULLE PART
ET BIEN VOUS N'ÊTES PAS PRÈS D'ARRIVER
JE SAIS
PIEM